全国经济普查条例

中国法制出版社

目　录

中华人民共和国国务院令

第 702 号

《国务院关于修改〈全国经济普查条例〉的决定》已经 2018 年 7 月 4 日国务院第 15 次常务会议通过，现予公布，自公布之日起施行。

总　理　李克强

2018 年 8 月 11 日

国务院关于修改《全国经济普查条例》的决定

国务院决定对《全国经济普查条例》作如下修改：

一、将第十条修改为："经济普查的行业范围为第二产业、第三产业所涵盖的行业，具体行业分类依照以国家标准形式公布的《国民经济行业分类》执行。"

二、将第十一条修改为："经济普查采用全面调查的方法，但对小微企业和个体经营户的生产经营情况等可以采用抽样调查的方法。

"经济普查应当充分利用行政记录等资料。"

三、将第二十三条第二款中的"工商、质检"修改为"市场监管"。

四、将第二十四条第一款修改为："各级经济普查机构应当按照清查形成的单位名录，做好经济普查数据的采集、审核和上报等工作。”

五、删去第二十六条第三款中的“逐级”。

六、将第三十二条修改为：“各级经济普查机构及其工作人员对在经济普查中所知悉的国家秘密和经济普查对象的商业秘密、个人信息，应当依法履行保密义务。”

七、将第三十五条修改为：“地方、部门、单位的领导人自行修改经济普查资料、编造虚假数据或者强令、授意经济普查机构、经济普查人员篡改经济普查资料或者编造虚假数据的，依法给予处分，并由县级以上人民政府统计机构予以通报。

“经济普查人员参与篡改经济普查资料、编造虚假数据的，由县级以上人民政府统计机构责令改正，依法给予处分，或者建议有关部门、单位依法给予处分。”

八、将第三十六条修改为：“经济普查对象（个体经营户除外）有下列行为之一的，由县级以上人民政府统计机构责令改正，给予警告，可以予以通报；其直接负责的主管人员和其他直接责任人员属于国家工作人员的，依法给予处分：

“（一）拒绝或者妨碍接受经济普查机构、经济普查人员依法进行的调查的；

“（二）提供虚假或者不完整的经济普查资料的；

“（三）未按时提供与经济普查有关的资料，经催报后仍未提供的。

“企业事业单位或者其他组织有前款所列行为之一的，可以并处5万元以下的罚款；情节严重的，并处5万元以上20万元以下的罚款。

“个体经营户有本条第一款所列行为之一的，由县级以上人民政府统计机构责令改正，给予警告，可以并处1万元以下的罚款。”

本决定自公布之日起施行。

《全国经济普查条例》根据本决定作相应修改，重新公布。

全国经济普查条例

（2004 年 9 月 5 日中华人民共和国国务院令第 415 号公布　根据 2018 年 8 月 11 日《国务院关于修改〈全国经济普查条例〉的决定》修订）

第一章　总　　则

第一条　为了科学、有效地组织实施全国经济普查，保障经济普查数据的准确性和及时性，根据《中华人民共和国统计法》，制定本条例。

第二条　经济普查的目的，是为了全面掌握我国第二产业、第三产业的发展规模、结构和效益等情况，建立健全基本单位名录库及其数据库系统，为研究制定国民经济和社会发展规划，提高决策和管理水平奠定基础。

第三条　经济普查工作按照全国统一领导、部门分工协作、地方分级负责、各方共同参与的原则组织实施。

第四条 国家机关、社会团体、企业事业单位、其他组织和个体经营户应当依照《中华人民共和国统计法》和本条例的规定，积极参与并密切配合经济普查工作。

第五条 各级宣传部门应当充分利用报刊、广播、电视、互联网和户外广告等媒体，认真做好经济普查的社会宣传、动员工作。

第六条 经济普查所需经费，由中央和地方各级人民政府共同负担，并列入相应年度的财政预算，按时拨付，确保到位。

经济普查经费应当统一管理、专款专用，从严控制支出。

第七条 经济普查每5年进行一次，标准时点为普查年份的12月31日。

第二章 经济普查对象、范围和方法

第八条 经济普查对象是在中华人民共和国境内

从事第二产业、第三产业活动的全部法人单位、产业活动单位和个体经营户。

第九条 经济普查对象有义务接受经济普查机构和经济普查人员依法进行的调查。

经济普查对象应当如实、按时填报经济普查表，不得虚报、瞒报、拒报和迟报经济普查数据。

经济普查对象应当按照经济普查机构和经济普查人员的要求，及时提供与经济普查有关的资料。

第十条 经济普查的行业范围为第二产业、第三产业所涵盖的行业，具体行业分类依照以国家标准形式公布的《国民经济行业分类》执行。

第十一条 经济普查采用全面调查的方法，但对小微企业和个体经营户的生产经营情况等可以采用抽样调查的方法。

经济普查应当充分利用行政记录等资料。

第三章 经济普查表式、主要内容和标准

第十二条 经济普查按照对象的不同类型，设置法人单位调查表、产业活动单位调查表和个体经营户

调查表。

第十三条 经济普查的主要内容包括：单位基本属性、从业人员、财务状况、生产经营情况、生产能力、原材料和能源消耗、科技活动情况等。

第十四条 经济普查采用国家规定的统计分类标准和目录。

第四章 经济普查的组织实施

第十五条 国务院设立经济普查领导小组及其办公室。国务院经济普查领导小组负责经济普查的组织和实施。领导小组办公室设在国家统计局，具体负责经济普查的日常组织和协调。

国务院各有关部门应当各负其责、密切配合，认真做好相关工作。

第十六条 地方各级人民政府设立经济普查领导小组及其办公室，按照国务院经济普查领导小组及其办公室的统一规定和要求，具体组织实施当地的经济普查工作。

街道办事处和居（村）民委员会应当广泛动员和组织社会力量积极参与并认真做好经济普查工作。

第十七条 国务院和地方各级人民政府有关部门设立经济普查机构，负责完成国务院和本级地方人民政府经济普查领导小组办公室指定的经济普查任务。

第十八条 大型企业应当设立经济普查机构，负责本企业经济普查表的填报工作。其他各类法人单位应当指定相关人员负责本单位经济普查表的填报工作。

第十九条 地方各级经济普查机构应当根据工作需要，聘用或者从有关单位商调普查指导员和普查员。各有关单位应当积极推荐符合条件的人员担任普查指导员和普查员。

普查指导员和普查员应当身体健康、责任心强并具有相应的专业知识。

第二十条 聘用人员应当由当地经济普查机构支付劳动报酬。商调人员的工资由原单位支付，其福利待遇保持不变。

第二十一条 地方各级经济普查机构应当统一对普查指导员和普查员进行业务培训，并经考核合格后颁发普查指导员证或者普查员证。普查指导员和普查员在执行经济普查任务时，应当主动出示证件。

普查员负责组织指导经济普查对象填报经济普查

表，普查指导员负责指导、检查普查员的工作。

第二十二条 普查指导员和普查员有权查阅法人单位、产业活动单位和个体经营户与经济普查有关的财务会计、统计和业务核算等相关原始资料及有关经营证件，有权要求经济普查对象改正其经济普查表中不确实的内容。

第二十三条 各级经济普查机构在经济普查准备阶段应当进行单位清查，准确界定经济普查表的种类。

各级编制、民政、税务、市场监管以及其他具有单位设立审批、登记职能的部门，负责向同级经济普查机构提供其审批或者登记的单位资料，并共同做好单位清查工作。

县级经济普查机构以本地区现有基本单位名录库为基础，结合有关部门提供的单位资料，按照经济普查小区逐一核实清查，形成经济普查单位名录。

第二十四条 各级经济普查机构应当按照清查形成的单位名录，做好经济普查数据的采集、审核和上报等工作。

法人单位填报法人单位调查表，并负责组织其下属的产业活动单位填报产业活动单位调查表。

第二十五条 各级经济普查机构和经济普查人员依法独立行使调查、报告、监督的职权，任何单位和个人不得干涉。

各地方、各部门、各单位的领导人对经济普查机构和经济普查人员依法提供的经济普查资料不得自行修改，不得强令或者授意经济普查机构、经济普查人员篡改经济普查资料或者编造虚假数据。

第五章 数据处理和质量控制

第二十六条 经济普查的数据处理工作由县级以上各级经济普查机构组织实施。

国务院经济普查领导小组办公室负责提供各地方使用的数据处理标准和程序。

地方各级经济普查机构按照国务院经济普查领导小组办公室的统一要求和标准进行数据处理，并上报经济普查数据。

第二十七条 经济普查数据处理结束后，各级经济普查机构应当做好数据备份和数据入库工作，建立健全基本单位名录库及其数据库系统，并强化日常管理和维护更新。

第二十八条 地方各级经济普查机构应当根据国务院经济普查领导小组办公室的统一规定，建立经济普查数据质量控制岗位责任制，并对经济普查实施中的每个环节实行质量控制和检查验收。

第二十九条 国务院经济普查领导小组办公室统一组织经济普查数据的质量抽查工作，抽查结果作为评估全国及各地区经济普查数据质量的主要依据。

各级经济普查机构应当对经济普查的汇总数据进行认真分析和综合评估。

第六章 数据公布、资料管理和开发应用

第三十条 各级经济普查机构应当按照国家规定发布经济普查公报。

地方各级经济普查机构发布经济普查公报应当经上一级经济普查机构核准。

第三十一条 各级经济普查机构应当认真做好经济普查资料的保存、管理和对社会公众提供服务等项工作，并对经济普查资料进行开发和应用。

第三十二条 各级经济普查机构及其工作人员对

在经济普查中所知悉的国家秘密和经济普查对象的商业秘密、个人信息，应当依法履行保密义务。

第三十三条 经济普查取得的单位和个人资料，严格限定用于经济普查的目的，不作为任何单位对经济普查对象实施处罚的依据。

第七章 表彰和处罚

第三十四条 对在经济普查工作中贡献突出的先进集体和先进个人，由各级经济普查机构给予表彰和奖励。

第三十五条 地方、部门、单位的领导人自行修改经济普查资料、编造虚假数据或者强令、授意经济普查机构、经济普查人员篡改经济普查资料或者编造虚假数据的，依法给予处分，并由县级以上人民政府统计机构予以通报。

经济普查人员参与篡改经济普查资料、编造虚假数据的，由县级以上人民政府统计机构责令改正，依法给予处分，或者建议有关部门、单位依法给予处分。

第三十六条 经济普查对象（个体经营户除外）

有下列行为之一的，由县级以上人民政府统计机构责令改正，给予警告，可以予以通报；其直接负责的主管人员和其他直接责任人员属于国家工作人员的，依法给予处分：

（一）拒绝或者妨碍接受经济普查机构、经济普查人员依法进行的调查的；

（二）提供虚假或者不完整的经济普查资料的；

（三）未按时提供与经济普查有关的资料，经催报后仍未提供的。

企业事业单位或者其他组织有前款所列行为之一的，可以并处 5 万元以下的罚款；情节严重的，并处 5 万元以上 20 万元以下的罚款。

个体经营户有本条第一款所列行为之一的，由县级以上人民政府统计机构责令改正，给予警告，可以并处 1 万元以下的罚款。

第三十七条　各级经济普查机构应当设立举报电话，接受社会各界对经济普查中单位和个人违法行为的检举和监督，并对举报有功人员给予奖励。

第八章　附　　则

第三十八条　本条例自公布之日起施行。

司法部、国家统计局负责人就《国务院关于修改〈全国经济普查条例〉的决定》答记者问

日前，国务院总理李克强签署国务院令，公布了《国务院关于修改〈全国经济普查条例〉的决定》。为何进行修改？为什么要扩大抽样调查方法的适用范围？对经济普查机构的工作职责和工作流程作了哪些修改完善？为此记者采访了司法部、国家统计局负责人。

问：这次修改《全国经济普查条例》的背景是什么？

答：全国经济普查是一项重大国情国力调查，目的是全面掌握我国第二产业、第三产业的发展规模、结构和效益等情况，建立健全基本单位名录库及其数据库系统，为研究制定经济和社会发展规划，提高决策和管理水平奠定基础。

《全国经济普查条例》是2004年公布施行的。我国于2004年、2008年、2013年先后开展了三次全国经济普查。实践证明，现行条例对于科学、有效地实施全国经济普查，保障经济普查数据的准确性和及时性，发挥了重要作用，其内容总体可行。随着经济社会发展，现行条例有关经济普查的行业范围、普查方法、普查机构工作职责和工作流程的一些规定，已与实际情况不完全相符，有必要修改完善。此外，2009年修订了统计法，2017年制定了统计法实施条例，现行条例的个别条款也需要与统计法及其实施条例相衔接。

按照党中央、国务院决策部署，2018年我国将开展第四次全国经济普查。为适应新形势下经济普查工作的需要，依法保障第四次全国经济普查顺利开展，国务院决定对现行条例作相应修改。

问：这次修改的总体思路是什么？

答：由于现行条例内容总体可行，这次修改坚持突出重点，仅对现行条例中明显与新形势新情况不相适应，以及需要与修改后的统计法及其实施条例相衔接的条款作必要调整，对其他内容均不作改动。

问：这次修改为什么要扩大抽样调查方法的适用

范围？

答：按照现行条例的规定，经济普查采用全面调查的方法，但对个体经营户的生产经营情况可以采用抽样调查的方法。《决定》适当扩大了采用抽样调查方法的对象范围，规定对小微企业的生产经营情况等也可以采用抽样调查的方法，主要是考虑到，随着经济社会发展，企业数量特别是小微企业数量快速增长，如果对所有企业的各方面情况都进行全面调查，组织实施的难度大、成本高。为保证经济普查高效、顺利进行，降低经济普查成本，有必要增强经济普查方法的灵活性，适当扩大适用抽样调查方法的对象范围。

问：《决定》对经济普查机构的工作职责和工作流程作了哪些修改完善？

答：实践中，经济普查数据采集、审核和上报等已由填报纸质经济普查表并逐级审核上报的传统方式，转变为使用电子设备现场采集数据、企业联网直报等新的数据处理方式。为适应这一变化，《决定》对现行条例关于县级经济普查机构应当做好经济普查表的发放、收集、审核、录入和上报工作的规定作了修改，规定各级经济普查机构应当按照清查形成的单位名录，做好经济普查数据的采集、审核和上报等工作。同时，不再规定经济普查机构应当“逐级”上报普查数据。这样修改符合当前经济普查工作的实际情况，有利于提高普查工作效率。

问：《决定》如何与统计法及其实施条例相衔接？

答：为与统计法及其实施条例相衔接，《决定》对现行条例的内容作了两个方面的调整。一是增加了经济普查机构及其工作人员对在经济普查工作中知悉的个人信息依法予以保密的内容，规定各级经济普查机构及其工作人员对在经济普查中所知悉的国家秘密和经济普查对象的商业秘密、个人信息应当依法履行保密义务。二是对现行条例有关法律责任的规定作了进一步完善。

全国经济普查条例

QUANGUO JINGJI PUCHA TIAOLI

经销/新华书店
印刷/北京海纳百川印刷有限公司
开本/850 毫米×1168 毫米　32 开　　印张/0.75　字数/7.4 千
版次/2018 年 8 月第 1 版　　2023 年 8 月第 3 次印刷

中国法制出版社出版
书号 ISBN 978-7-5093-9675-9　　定价：4.00 元

北京市西城区西便门西里甲 16 号西便门办公区
邮政编码：100053　　传真：010-63141600
网址：http：//www.zgfzs.com　　编辑部电话：010-63141673
市场营销部电话：010-63141612　　印务部电话：010-63141606

（如有印装质量问题，请与本社印务部联系。）